DINHEIRO RÁPIDO NUM MÊS.

DINHEIRO RÁPIDO NUM MÊS

Por: D.K. Hawkins
Série "Dinheiro Rápido"
Versão 1.1 ~Novembro de 2022
Publicado por D.K. Hawkins no KDP
Copyright ©2022 por D.K. Hawkins. Todos os direitos reservados.

Nenhuma parte desta publicação pode ser reproduzida, distribuída ou transmitida sob qualquer forma ou por qualquer meio, incluindo fotocópia, gravação ou outros métodos electrónicos ou mecânicos, ou por qualquer sistema de armazenamento ou recuperação de informação sem a prévia autorização escrita dos editores, excepto no caso de citações muito breves incorporadas em revisões críticas e certos outros usos não comerciais permitidos pela lei de direitos de autor.

Todos os direitos reservados, incluindo o direito de reprodução no todo ou em parte, sob qualquer forma.

Todas as informações contidas neste livro foram cuidadosamente pesquisadas e verificadas quanto à sua exactidão factual. Contudo, o autor e a editora não dão qualquer garantia, expressa ou implícita, de que a informação aqui contida é apropriada para cada indivíduo, situação ou finalidade e não assumem qualquer responsabilidade por erros ou omissões.

O leitor assume o risco e total responsabilidade por todas as acções. O autor não será considerado responsável por qualquer perda ou dano, seja consequente, incidental, especial ou não, que possa resultar da informação apresentada neste livro.

Todas as imagens são gratuitas para utilização ou adquiridas em sítios de fotografia de stock ou livres de royalties para utilização comercial. Confiei nas minhas próprias observações bem como em muitas fontes diferentes para este livro, e fiz o meu melhor para verificar os factos e dar crédito onde ele é devido. No caso de qualquer material ser utilizado sem a devida permissão, por favor contacte-me para que a omissão possa ser corrigida.

A informação fornecida neste livro é apenas para fins informativos e não pretende ser uma fonte de aconselhamento ou análise de crédito no que respeita ao material apresentado. As informações e/ou documentos contidos neste livro não constituem aconselhamento jurídico ou financeiro e nunca devem ser utilizados sem primeiro consultar um profissional financeiro para determinar o que pode ser melhor para as suas necessidades individuais.

A editora e o autor não fazem qualquer garantia ou outra promessa quanto a quaisquer resultados que possam ser obtidos com a utilização do conteúdo deste livro. Nunca deverá tomar qualquer decisão de investimento sem primeiro consultar o seu próprio consultor financeiro e realizar as suas próprias pesquisas e diligências. Na medida máxima permitida por lei, a editora e o autor declaram toda e qualquer responsabilidade no caso de quaisquer informações, comentários, análises, opiniões, conselhos e/ou recomendações contidas neste livro se revelarem inexactas, incompletas, ou não fiáveis ou resultarem em qualquer investimento ou outras perdas.

O conteúdo contido ou disponibilizado através deste livro não se destina e não constitui aconselhamento jurídico ou de investimento, e não é formada qualquer relação advogado-cliente. A editora e o autor fornecem este livro e o seu conteúdo numa base de "tal como está". A sua utilização das informações contidas neste livro é por sua conta e risco.

ÍNDICE.

ÍNDICE. 4

INTRODUÇÃO. 6

FORMAS DE GANHAR DINHEIRO RAPIDAMENTE NUM MÊS. 8

   1. Venda de artigos usados. 8

   2. Telemarketing. 10

   3. House Flipping. 14

   4. Escrita freelance. 17

   5. Introdução de dados. 21

   6. Limpeza de escritórios em part-time. 23

   7. Publicidade automóvel. 27

   8. Ganhe dinheiro como Afiliado num Mês. 29

   9. Recolha de lixo no seu bairro. 35

   10. Imobiliário. 37

   11. Marketing Digital de Produto. 41

   12. Escrever artigos. 45

   13. Páginas de Internet de folhear. 48

   14. Gráficos Online. 51

   15. Ofertas de inscrição gratuita por e-mail. 54

   16. Limpeza de alcatifas. 58

   17. Escrever livros electrónicos. 62

   18. Inquéritos pagos. 66

19. Negociação FX. 69

20. Edifício da Lista. 73

21. Fotografia. 79

22. Comunicado de imprensa. 83

23. eBay. 87

24. Vídeos de Marketing e Sítios Web de Vídeo. 91

25. Joint Venture. 94

26. Leilões em linha. 100

27. Encaminhamentos. 102

CONCLUSÃO. 104

INTRODUÇÃO.

Ao compreender como ganhar muito dinheiro rapidamente dentro de um mês, pode sentar-se numa pilha de ouro antes que o seu vizinho descubra o seu esquema.

Passar tempo na Internet irá expô-lo a muitas técnicas para ganhar dinheiro rapidamente. No entanto, deve estar ciente de que estas abordagens são muitas vezes perigosas. Em alguns casos, pode também perder o conteúdo da sua carteira. Em tal circunstância, pergunte-se se vale a pena correr o perigo.

A maior abordagem para aprender a ganhar muito dinheiro rapidamente é saltar para o lago e molhar os pés. Experimente os métodos discutidos neste livro e veja se ele gera tanto dinheiro como afirma. Não sofrerá uma perda significativa se falhar, porque pouco está em jogo. Imagine, porém, como seriam as suas finanças se uma destas estratégias provasse ser um golpe de mestre. Por favor, observe que quanto mais o considerar, mais irá evitá-las.

Há inúmeros exemplos deste conceito na Internet. Pode acreditar que alguns deles são inalcançáveis. No entanto, que se lixe? Ainda pode tentar obter milhões de dólares!

Se precisar de dinheiro rapidamente dentro de um mês, tente o que eu fiz. Estou a ganhar mais dinheiro hoje do que ganhava no meu negócio anterior, e você também pode, se ler este livro a fundo.

Imagine triplicar o seu dinheiro todos os meses com um risco negligenciável ou nulo! Leia os conceitos discutidos neste LIVRO para saber COMO pode começar a juntar o seu capital para o seu primeiro milhão de dólares, usando as ideias fáceis de fazer dinheiro aí listadas.

Vamos começar.

FORMAS DE GANHAR DINHEIRO RAPIDAMENTE NUM MÊS.

1. *Venda de artigos usados.*

Talvez a conta do cabo deste mês seja mais do que o habitual, ou despesas imprevistas tenham drenado as suas finanças. Independentemente do motivo, muitos de nós exigem alguns dólares extra para nos reterem até ao dia do pagamento. Quanto mais cedo conseguirmos gerar esta receita, melhor. A revenda de bens usados pode ser uma das formas mais simples de ganhar dinheiro rápido. No entanto, existem outras opções.

É um equívoco comum que a revenda não é uma forma bem sucedida de ganhar dinheiro; pode ser facilmente transformada num fluxo contínuo de rendimentos. Se formos honestos, provavelmente temos muitos bens que já não utilizamos. Só o conhecimento, a ambição e a dedicação são necessários para o sucesso. Ter a sua venda de garagem é provavelmente um dos métodos mais simples para iniciar este processo.

Se for algo como o resto de nós, a sua garagem está, sem dúvida, cheia de artigos desnecessários. Não faz qualquer diferença qual é a coisa ou o seu estado. Pode ficar surpreendido com o número de pessoas interessadas em comprar o seu cortador de relva partido ou livro esgotado.

Depois de se ter livrado de todo o seu valioso lixo, pode começar a assistir a outras vendas de garagem em busca de artigos comercializáveis. Muitas pessoas têm agora as suas vendas de garagem na Internet, através de websites como o eBay, que o colocam em contacto com compradores de todo o mundo e quase garantem o seu sucesso.

2. Telemarketing.

O telemarketing é uma boa forma de ganhar dinheiro fácil rapidamente num mês, assumindo que a empresa é legal e o objectivo das chamadas de telemarketing em particular, em oposição a simplesmente telefonar para números de telefone aleatórios na sua base de dados, numa tentativa de vender algo.

O principal pré-requisito para um executivo de telemarketing é uma boa capacidade de comunicação. Os recém-licenciados com aptidão para a língua relevante e uma boa voz são muito procurados na indústria do telemarketing. Assim, esta é uma carreira que a maioria dos jovens deseja.

O recrutamento de um candidato ao telemarketing é bastante simples, uma vez que a candidatura, entrevista, selecção, e procedimentos de bordo são todos simples e rápidos. As recompensas monetárias do trabalho de telemarketing são razoáveis, incluindo salários e outras compensações e benefícios.

Geralmente, os trabalhos de telemarketing implicam mudanças de turno a toda a hora para acomodar diferentes fusos horários. Portanto, os licenciados, na sua maioria homens, que estão dispostos a efectuar horas nocturnas recebem outras compensações e benefícios. Este é um benefício tremendo para os recém-licenciados que aproveitam a oportunidade com ambas as mãos.

Embora existam muitos tipos de telemarketing, as vendas baseadas em comissões são as mais populares, uma vez que oferecem outros incentivos. A cada indivíduo da secção de vendas é atribuído um objectivo mensal ou diário, o que leva o empregado a trabalhar para o seu objectivo.

O empregado recebe uma comissão substancial e um salário de base se os objectivos forem atingidos ou ultrapassados. As vendas são o aspecto mais difícil do telemarketing, mas hoje em dia muitos jovens, independentemente do sexo, escolhem-no devido às suas recompensas extremamente aliciantes.

Devido à popularidade mundial das oportunidades de telemarketing, as grandes empresas começaram a externalizar os seus perfis de telemarketing para centros de contacto especializados que se concentram no envolvimento do cliente.

O facto de estas grandes empresas operarem centros de chamadas sob as suas marcas melhora a credibilidade dos trabalhos de telemarketing. Estes trabalhos de telemarketing não são fisicamente exigentes e não envolvem muita tensão. Trata-se de falar docemente e adquirir novos clientes ou reter os antigos com sucesso.

A maioria dos trabalhos de telemarketing exige pelo menos um bacharelato; por conseguinte, há muitos candidatos. O sector do telemarketing estabeleceu-se firmemente no mundo do marketing, relegando a indústria do marketing tradicional para um distante segundo lugar.

Esta indústria tem produzido muitos conceitos inovadores. Os trabalhos de telemarketing que podem ser realizados a partir de casa são a mais recente tendência para ganhar popularidade. Estas oportunidades dão às mulheres e aos cidadãos idosos um meio conveniente de ganhar dinheiro a partir do conforto das suas casas.

O telemarketing não se resume a ganhar dinheiro fácil e conseguir um emprego rapidamente. Os perfis de telemarketing são significativamente mais fáceis de obter do que a maioria dos outros; por conseguinte, esta vocação continua a ser uma das favoritas entre os jovens.

3. House Flipping.

Muitos indivíduos estão interessados em ganhar dinheiro através da mudança de casa. Qualquer coisa pode ser vendida com lucro, não apenas casas. Comprar uma casa a um preço baixo e revendê-la por um preço mais elevado a um comprador interessado é um método fantástico para gerar dinheiro. O aspecto mais crítico é localizar um cliente que esteja interessado e disposto a pagar o suficiente para gerar lucro.

Actualmente, inverter as casas é uma forma lucrativa de gerar rendimento. Muitos indivíduos estão interessados em comprar preços baixos e revender residências para obter lucro a outros compradores. Esta é uma forma de emprego a tempo inteiro para um número surpreendente de pessoas. Ganham comissões mensais substanciais ao inverterem casas.

Um aspecto negativo desta indústria é a intensa concorrência e o risco inerente. Muitas vezes, um revendedor que comprou uma casa para revenda tem de a manter durante um período prolongado devido à falta de clientes. Raramente conseguem localizar indivíduos interessados em adquirir-lhes uma casa.

Isto pode resultar em perdas substanciais para o revendedor ou revendedor. Além disso, os revendedores devem manter os seus preços tão baixos quanto possível durante a concorrência intensa para inverter uma casa de forma rápida e fácil.

Há muitas possibilidades disponíveis para se alcançar o sucesso nesta indústria. No entanto, isto não implica que seja difícil ganhar dinheiro atirando casas ao ar. Se for estratégico e bem organizado, pode ganhar dinheiro suficiente com isto.

- Contratos de arrendamento, programas de rent-to-own, etc., são algumas escolhas que podem ajudá-lo a gerar dinheiro rapidamente e atrair potenciais compradores.

- Deve também identificar o seu mercado específico para funcionar mais eficazmente, seguindo as condições do mercado.

- Adquirir uma casa que necessite de reparação ou que esteja incompleta. Isto está pronta e economicamente disponível e pode ajudá-lo a gerar lucros rápidos quando os vende mobilados.

- No entanto, neste caso, deve ter-se em atenção a posição da casa. A localização ideal de um imóvel pode ajudá-lo a vendê-lo por um preço mais elevado.

Em cada cenário, é necessário ter conhecimentos suficientes em matéria de investimento imobiliário. Além disso, deve avaliar os preços das reparações e redecorar com cuidado. Mais uma vez, subavaliá-los pode levar a perdas.

4. Escrita freelance.

A lógica dita que, como escritor freelancer, quanto mais escrever, mais dinheiro irá ganhar. Quando se tem a mentalidade apropriada, escrever mais e ganhar mais dinheiro é simples.

Necessita de soluções que lhe permitam compor durante o seu tempo de escrita designado.

Já aperfeiçoei os meus processos e continuo a fazê-lo para escrever mais e ganhar mais dinheiro. O meu objectivo é duplicar e, se possível, quadruplicar as minhas receitas mensais de escrita.

Também o deve fazer. É um indivíduo com poderes e um limite de tempo limitado. Crie um sistema que funcione bem para si. Modifique-o à medida que escreve mais e ganha mais dinheiro com as suas palavras.

No entanto, deve concentrar-se no seu pensamento antes de conceber o seu sistema.

Aqui estão cinco recomendações para o ajudar a criar a mentalidade certa para aumentar ou triplicar os seus rendimentos mensais de escrita:

Agende o seu tempo - Uma palavra de cada vez; Você ganha dinheiro.

Os objectivos são OK, mas não podem ser "feitos". Só pode realizar tarefas que contribuam para a realização dos seus objectivos. Planeie cada tarefa e adira ao plano. As minhas ferramentas de programação actuais são o iCal no meu Mac e o programa web BackPack.

Sonhe Grande - Só pode alcançar o que pretende.

Os seus objectivos devem ser suficientemente ambiciosos para o intimidar. Depois, deve habituar-se a imaginar como será a sua vida depois de atingir um determinado objectivo. Imagine-se neste novo local.

A tua criatividade é imaginativa. De acordo com especialistas em desporto, se consegue ver o sucesso, pode consegui-lo. Portanto, passe diariamente a visualizar-se como tendo alcançado o seu actual Big Dream.

Não se preocupe com COMO irá alcançar o sonho. Descobrirá os meios à medida que a sua imaginação dá vida à visão.

Continue a alargar os seus objectivos, mesmo depois de os ter alcançado.

Quando se habituar a perseguir o seu Grande Sonho e estiver confiante de que o alcançará, expanda-o. Deve construir objectivos para além dos seus objectivos. Se não o fizer, voltará à rotina segura, segura e pouco exigente de pré-jogo.

Antecipar a sensação de desconforto e confusão.

A confusão é positiva. Passará demasiado tempo na sua zona de conforto se não passar pelo menos um quarto do seu tempo desorientado e a interrogar-se sobre o que está a fazer. Ficará intrigado com os mercados, a sua escrita, e a forma como compõe um projecto. A confusão não é apenas positiva; é fantástica, indicando que deixou a sua zona de conforto. Continue a escrever; o que hoje lhe causa perplexidade tornar-se-á rotina amanhã.

Simplesmente faça-o - Não discuta a sua escrita.

Os escritores têm uma propensão para a verbosidade excessiva. Pedir garantias ou mesmo gabar-se é sem esforço. Infelizmente, as pessoas a quem se procura conselho raramente estão qualificadas para o fornecer. Embora sejam bem intencionadas, minarão os seus esforços, e aqueles a quem se vangloria rapidamente se tornarão seus inimigos; é a natureza humana.

Parar de falar e começar a escrever. O que importa é a escrita.

Então, aí tem: cultive a mentalidade adequada, e não só escreverá mais, mas também duplicará e triplicará facilmente as suas receitas mensais.

5. Introdução de dados.

As tarefas de introdução de dados têm evoluído significativamente ao longo do tempo. Muitos dos empregados actualmente disponíveis nesta indústria são não tradicionais e não requerem conhecimentos especializados, tais como em trabalhos de introdução de dados. Estes empregos lucrativos envolvem a colocação de anúncios na Internet para promover negócios na web.

Embora estas vocações sejam cada vez mais populares, muitas pessoas desconhecem a sua existência. São perfeitas para donas de casa e mães que ficam em casa devido à sua flexibilidade e liberdade. Dezenas de milhares de empresas em linha utilizam diariamente estes datilógrafos amadores e pagam bastante bem.

Os trabalhos de submissão de dados existem há alguns anos, mas os sistemas têm evoluído e melhorado significativamente desde 2005. Ao procurar este tipo de emprego, é sempre uma boa ideia fazer compras, uma vez que algumas organizações utilizam métodos de formação obsoletos que não funcionam.

As coisas vão mudar com o tempo quando se trata de marketing, e algo que funcionou no ano passado para si pode não funcionar este ano. Um recém-chegado não saberia disto, por isso é importante conduzir uma investigação antes de iniciar qualquer negócio na Internet. Encontrar uma empresa de introdução de dados fiável é como encontrar uma agulha num palheiro, mas se uma for descoberta, poderá ser uma profissão para toda a vida.

A entrada de dados não tradicionais é a melhor opção para quem procura um rendimento a tempo parcial ou a tempo inteiro. É a abordagem mais simples para obter um rendimento relativamente rápido na Internet sem um website. Pode-se optar por trabalhar em qualquer lugar, desde algumas horas por semana a muitas horas por dia a partir de casa e ainda assim ganhar um rendimento mensal decente.

6. Limpeza de escritórios em part-time.

Certamente concordaria que o melhor trabalho do mundo seria aquele em que trabalha para si próprio, estabelece o seu horário e observa o seu salário a dobrar ou a duplicar todos os anos, mas por onde e como começa?

Comece uma empresa de limpeza de escritórios! A navegação na Internet sobrecarrega-o com opções, a maioria das quais, na melhor das hipóteses, são duvidosas. No entanto, pode juntar-se àqueles que ganham um rendimento a tempo inteiro com o trabalho a tempo parcial sem o risco envolvido.

Qualquer pessoa pode limpar, mas "obter as contas" é essencial. Antes de tentar obter a sua primeira conta, deve ter os poucos bens necessários para limpar um escritório e um acordo de serviço profissional. Este contrato deve especificar o que será limpo, como será limpo, quando será limpo, etc., e o custo. Não por hora, mas pelo projecto!

Verifique os seus regulamentos e portarias estatais e locais para determinar se existem requisitos adicionais para o pessoal de limpeza/janitorial, tais como títulos e licenças. O contrato deve abordar a responsabilidade, prazos de pagamento, cancelamento, e outras preocupações legais. Há muitos exemplos disto na Internet.

Agora, adquira consumidores. Pode começar com simples anúncios em classificados ou panfletos locais. Faça um folheto atraente e profissional com o nome da sua empresa, o que irá realizar, o seu nome (e se estiver ligado), informações de contacto, e uma declaração de que está disposto a vir ao local para discutir as suas necessidades e apresentar um orçamento.

Visar edifícios de escritórios mais pequenos e complexos de escritórios. Pergunte aos gestores de alguns escritórios se estão satisfeitos com a limpeza do seu local de trabalho. Pergunte se existe um gestor de edifícios e como contactá-los. Faça isto com vários escritórios em toda a propriedade para compreender melhor o desempenho do serviço de limpeza existente.

Depois, dirija-se ao gestor e solicite uma conversa ou uma marcação. Traga o seu folheto, cartão de visita, e carta de apresentação para a reunião. Depois de ter conquistado alguns clientes, desejará incluir uma lista de referências e testemunhos.

Assim que tiver alguns clientes satisfeitos, poderá solicitar testemunhos e recomendações. Assegure-se de que são de confiança, que são unidos, e que funcionam de forma rápida e acessível! À medida que a sua firma se expande, irá necessitar de assistência.

Não deixe de estudar o que deve fazer como empregador, incluindo impostos, compensação do trabalhador, etc. Prepare também um plano de apoio se um ou mais dos seus empregados estiverem ausentes uma noite. Também poderá permanecer pequeno e depender inteiramente de si e da sua família.

A limpeza de escritórios a tempo parcial pode fornecer o outro dinheiro de que necessita. Trabalha à noite durante algumas horas e pode ser pago diariamente, semanalmente ou mensalmente. É uma abordagem relativamente rápida, de baixo custo e fácil para criar mais rendimentos. Experimente!

Quanto mais cedo começar, mais cedo ganhará dinheiro extra no prazo de um mês! Kate Carpenter limpa os locais de trabalho há mais de dez anos e aumentou as suas receitas anuais em dezenas de milhares sem investir muito tempo ou dinheiro. A limpeza de escritórios é uma das maiores e mais simples formas de ganhar dinheiro.

7. Publicidade automóvel.

Durante o Verão, todos estão à procura de formas de ganhar dinheiro rápido. Não há necessidade de conseguir um emprego ou aprender uma nova habilidade quando a publicidade automóvel pode proporcionar dinheiro rápido. Empregando uma nova e revolucionária forma de publicidade, as empresas pagam-lhe agora para afixar anúncios no seu veículo.

Quer ou precisa de um carro mas não o tem? As empresas estão dispostas a comprar automóveis novinhos em folha com anúncios pré-aplicados para que possa conduzir. Só precisa de pagar a gasolina e o seguro.

Não há condições, apenas dinheiro vivo. É apenas necessário que se dedique às suas actividades diárias. Normalmente, 200 a 300 milhas por mês devem ser conduzidas, mas isto é facilmente conseguido conduzindo até ao trabalho, ao centro comercial, ou a qualquer outro lugar. Esta é a condição principal e é prontamente satisfeita, permitindo-lhe receber uma quantia substancial de dinheiro rápido todos os meses.

Antes de contratar uma empresa, deve verificar se o seu website é legítimo. Muitos websites anunciam rendimentos absurdos, como por exemplo $6.000 por mês. Não receberá BMWs ou Corvettes, mas sim um automóvel novinho em folha.

Normalmente, o fluxo monetário mensal médio situa-se entre $600 e $800. Isto depende do carro que possui, da densidade populacional da sua cidade e do número médio de quilómetros que conduz por mês.

No entanto, isto é apenas dinheiro temporário que receberá todos os meses. Se possuir um camião enorme, eles recebem significativamente mais, entre $2.000 e $3.000 por mês, se o veículo inteiro estiver segurado.

8. Ganhe dinheiro como Afiliado num Mês.

A geração de receitas online explodiu em popularidade em todo o mundo. Desde que milhões de pessoas utilizam a Internet para procurar produtos e serviços, muitas empresas e indivíduos mudaram as suas operações online. Simultaneamente, muitos utilizadores procuram oportunidades de ganhar dinheiro de forma rápida e conveniente. Estão à procura de tais conceitos? Aqui, aprenderá como ganhar dinheiro no espaço de um mês.

Na realidade, ganhar dinheiro em linha não é assim tão simples, mas existem alguns raros segredos de fazer dinheiro que podem produzir resultados notáveis rapidamente. Isto é o que a maioria das pessoas deseja.

Na sua busca de um método viável para gerar dinheiro num mês, tem de perceber que tem de replicar as acções de milhares de pessoas. No entanto, pode acumular uma enorme riqueza no prazo de um mês, porque deve aplicar a técnica de forma diferente. Como descobrirá nesta secção, a diferença é tipicamente modesta, mas pode ter um impacto significativo na sua vida.

Agora, o conceito fundamental é o marketing afiliado. Se neste momento se sentir frustrado por estar a ler sobre um tema muito saturado, perderá o pensamento único que se segue. Se revelar como ganhar dinheiro num mês é o seu objectivo final, deve escolher este plano de negócios.

Aqui estão as medidas simples e eficientes que deve tomar para obter um enorme rendimento num mês:

Pesquisar um nicho lucrativo e registar um nome de domínio cativante e rico em palavras-chave. Escolher entre a extensão.com ou a.info. Deve seleccionar a extensão.com porque parece mais profissional e gera mais cliques do que outras extensões. Um nome de domínio não deve exceder $125 anualmente.

Utilizando o nicho escolhido como guia, procure um produto que ofereça uma alta comissão por leads gerados através do seu link de afiliação. O sucesso vem da selecção do nicho mais lucrativo com uma elevada taxa de conversão. Portanto, localize uma rede CPA (cost-per-action) respeitável e crie uma conta de afiliado.

Porque deve promover ofertas custo por aquisição em vez de ofertas pay-per-sale?

Lembre-se de que é fornecida uma resposta permanente sobre como ganhar dinheiro num mês. No marketing de afiliação CPA, não há necessidade de se preocupar com chargebacks ou reembolsos, pois os leads que produz não são obrigados a pagar nada.

Uma vez que os leads forneçam as suas informações de contacto na página squeeze, serão adicionados à mailing list do negócio que está a comercializar, e receberá comissões por entradas bem sucedidas.

Uma segunda razão pela qual as ofertas da CPA são um método maravilhoso para começar com o marketing de afiliados é que muitos indivíduos procuram ofertas gratuitas. Por conseguinte, inscrever-se-ão prontamente nas páginas de squeeze.

Deve ter cuidado com os vigaristas ao procurar ofertas de CPA no seu nicho. Além disso, nem todas as genuínas são lucrativas. Pode precisar de os testar enviando tráfego para cada um deles até encontrar a oferta mais vantajosa.

Como blogueiro, precisa de inserir as suas ligações CPA nas entradas do seu blogue. Pode também utilizar banners pertinentes. Basta configurar o redireccionamento de URL a partir do painel de controlo da sua conta de domínio, se desejar utilizá-lo. Redireccione o link de afiliação para a página de destino do produto. Ao contrário do blogging, só é permitido um link.

Os métodos de marketing PPC são a abordagem mais rápida para gerar receitas a partir de um produto ou serviço. Portanto, se pretende comercializar duas ou mais ofertas de CPA, deve registar nomes de domínio únicos. Se conseguir obter uma oferta extremamente lucrativa, deverá ser capaz de sobreviver com apenas uma. Encontrar formas de a promover através de anúncios contextuais ou gráficos.

O próximo passo essencial é gerar tráfego direccionado para a(s) sua(s) ligação(ões). Sem tráfego, a conversão é impossível. É possível gerar tráfego de uma ou mais das seguintes formas:

- Utilizar motores de busca PPC e redes PPV como fontes de tráfego alvo. Escolher entre Adwords, anúncios MSN, e Yahoo! search marketing.
- Publicar vídeos em linha.
- Publicar publicidade classificada, especialmente para sites que foram redireccionados. Para efeitos de SEO, deve minimizar a utilização de sítios classificados no seu blogue. Em vez disso, utilize sub-domínios.
- Utilize grandes artigos para promover o(s) seu(s) link(s) afiliado(s).

Depois de estabelecer uma campanha de marketing bem sucedida para uma oferta CPA, pode prosseguir com a promoção de outra.

As técnicas descritas acima deveriam ter respondido à sua pergunta sobre como criar dinheiro num mês. A chave está em determinar o que os indivíduos bem sucedidos fazem e construir sobre ele. Vá agora em busca das suas fortunas!

9. Recolha de lixo no seu bairro.

Como ganhar dinheiro rapidamente através da limpeza do bairro: O plano é obter caixotes do lixo de qualidade comercial. Sim, esta empresa ganha dinheiro com o lixo.

Depois de comprar latas de lixo, irá instalá-las em áreas com grande actividade para os pés. Isto porque se vende espaço publicitário nestas latas por aproximadamente 50 dólares por mês. Não está a lucrar com o lixo em si, mas cada pessoa que utiliza os seus caixotes do lixo é o equivalente a colocar um depósito na sua conta bancária.

O objectivo aqui é ter MUITAS latas. 100-500, por exemplo. Se quiser que esta seja uma operação de mãos livres, deve solicitar aos proprietários da empresa que esvaziem estes caixotes do lixo conforme necessário. Pode utilizar uma parte das receitas geradas por cada lata para cobrir os outros custos de mão-de-obra. Isto ajudará a limpar a área e permitir-lhe-á lucrar com os seus esforços.

Além disso, se acreditar que a publicidade em todas estas latas de lixo seria desagradável para os telespectadores, pode vender o espaço publicitário como um patrocínio, pedindo às empresas que patrocinem uma lata de lixo e solicitando aos telespectadores que apoiem os nossos patrocinadores. Desta forma, as empresas estão a ajudar na limpeza da cidade, e os cidadãos estão conscientes de que é necessária criatividade para que isto aconteça.

10. Imobiliário.

Há muitas maneiras de fazer dinheiro rápido em bens imobiliários. As compras de propriedades em dificuldades, tais como vendas curtas, casas pertencentes a bancos e execuções hipotecárias, são as mais prevalecentes. Estas propriedades são ideais para reabilitar, inverter, e vender por atacado.

A compra de propriedades hipotecadas subiu rapidamente para o topo dos investimentos imobiliários lucrativos. Estas propriedades são vendidas em leilões públicos. A maioria requer reparações e renovações. Muitas pessoas singulares têm hipotecas fiscais ou de credores. Ocasionalmente, os proprietários permanecem nas suas casas até serem despejados pela venda em leilão.

Os investidores devem realizar uma pesquisa adequada para identificar o custo exacto da compra de propriedades hipotecadas. A eliminação de penhoras ou o despejo de antigos proprietários pode ser uma tarefa morosa e dispendiosa. No entanto, se a casa estiver vazia há meses e não houver hipotecas ligadas, os bens imóveis excluídos poderão oferecer um retorno decente do investimento.

Quando não são recebidas ofertas num leilão de casas hipotecadas, a casa é devolvida ao credor hipotecário. Os investidores devem agora lidar com o departamento de mitigação de perdas do banco para adquirirem o imóvel.

Tipicamente, os imóveis pertencentes a bancos têm um preço mais elevado do que as casas hipotecadas. Contudo, uma vez que os bancos recuperem a posse da propriedade, podem negociar com os credores para a sua remoção. O banco gere o processo de despejo se o proprietário residir na residência.

Uma vez que são vendidos com um título limpo, os imóveis pertencentes a bancos custam tipicamente menos do que os imóveis hipotecados. Os investidores podem rapidamente tomar posse do imóvel e renová-lo para fins de revenda ou aluguer.

A venda por grosso de imóveis é uma das melhores formas de obter dinheiro rapidamente. Os investidores compram casas a preços abaixo do valor de mercado. Isto pode ser conseguido através da compra de bens imobiliários ou de carteiras bancárias que contenham muitas propriedades.

Os grossistas vendem propriedades no seu estado actual. Eles não efectuam reparações de casas. Em vez disso, adquirem residências que necessitam de renovação, que depois revendem com lucro. Margens de lucro entre 10 e 40 por cento por propriedade são típicas para os distribuidores imobiliários.

A inversão de casas implica descobrir propriedades com preços drasticamente abaixo do valor de mercado, reabilitando-as e vendendo-as com lucro. Historicamente, a inversão de casas era a estratégia mais popular para ganhar dinheiro rápido em bens imobiliários. Com a actual recessão económica, os investidores devem pesar cuidadosamente os benefícios e os inconvenientes desta estratégia.

Para serem bem sucedidos na mudança de casa, os investidores devem estabelecer uma sólida rede de compradores. Isto pode ser conseguido em parte através da adesão a clubes imobiliários. Os clubes de investimento são um excelente local para encontrar compradores qualificados e descobrir dicas, métodos e técnicas exclusivas. Os clubes de investimento oferecem muitas opções para encontrar parcerias e parceiros comerciais.

Estas são algumas opções para a construção de uma empresa de investimento imobiliário sólida que pode proporcionar receitas residuais e lucros contínuos. Internet, networking, e subscrição de revistas de investimento imobiliário e boletins informativos oferecem uma riqueza de informação aos investidores que desejam expandir os seus conhecimentos.

11. Marketing Digital de Produto.

A venda de artigos digitais, tais como relatórios, ficheiros áudio, ficheiros vídeo, e livros electrónicos, é uma excelente possibilidade. Isto tem a tremenda vantagem de não exigir qualquer inventário; basta investir tempo e dinheiro na geração da cópia inicial, após o que é uma fonte de dinheiro gratuito. Estes podem criar receitas de duas maneiras:

A primeira é através da venda do próprio produto ou de uma subscrição do mesmo. Isto produzirá receitas por venda ou a cada mês.

A segunda não precisa de ser mutuamente exclusiva, pois os livros electrónicos e os relatórios podem conter ligações de afiliação. Se um cliente comprar o seu produto e clicar num link para comprar um produto recomendado, receberá também uma comissão.

Este mercado é extremamente lucrativo, e os produtos digitais estão a tornar-se cada vez mais competitivos. Aqui estão algumas sugestões para ganhar vantagem sobre a concorrência:

Escolha algo pelo qual seja apaixonado, algo pelo qual tenha uma aptidão. Se gosta de um tópico, deverá ter um vasto conhecimento de fundo sobre ele em primeiro lugar.

Se estiver interessado em astrofísica, poderá aprender sobre os planetas, o sistema solar, astrofísicos históricos como Kepler e Newton, etc.

Em segundo lugar, seja preciso com o seu material. Para ter sucesso no marketing online, deve dar informações relevantes e valiosas. Assegure-se de que investiga a sua propriedade e consulte o material de outras pessoas entre aspas. Copiar indivíduos pode ser arriscado se eles estiverem a utilizar a informação errada.

Em terceiro lugar, não se desvie do assunto. As pessoas que lerem a sua informação vão querer saber o que você as atraiu a ler.

Voltando ao exemplo da astrofísica, assuma que a sua informação é rotulada de Astrofísica básica. Pense em que perguntas faria a um nível básico, por exemplo.

- O que são os planetas no nosso sistema solar?
- Como é que o sistema solar se formou exactamente?
- Que influência tem a gravidade sobre o sistema solar?

A menos que o título o indique, não inclua teoria e informação que a maioria das pessoas possa compreender. A última coisa que deseja é que alguém que procura informação tropece numa página com informação muito mais avançada do que pode gerir; isso irá certamente afastá-los por completo do seu sítio.

Os indivíduos podem ordenar a informação de forma mais eficiente, colocando a informação sobre cada assunto num livro electrónico ou papel separado.

Se der algo gratuitamente, as pessoas estão muito mais inclinadas a querê-lo, mesmo que contenha um link para um produto que possam adquirir. Desta forma, as pessoas lerão o seu material, e se for bom, desenvolverão confiança em si e serão mais propensas a comprar o produto recomendado.

Os produtos digitais no marketing na Internet podem ser difíceis, mas se os dominar, é uma abordagem muito lucrativa para ganhar dinheiro rapidamente em linha.

12. Escrever artigos.

Muitos indivíduos desejam aprender como ganhar dinheiro produzindo artigos. Normalmente, aconselho-os a criar um ou mais artigos diários durante pelo menos três meses para ganharem um rendimento significativo a longo prazo.

Mas e quanto àqueles que não procuram obter ganhos financeiros substanciais a longo prazo?

Estarão sem sorte se desejarem ganhar rapidamente algumas centenas de dólares?

Nem sequer fechar Se for competente para escrever artigos, é extremamente fácil gerar dinheiro rapidamente na Internet.

Utilizo o Digital Point and Warrior Forum como exemplos de enormes fóruns na minha área. Uma vez lá, navegue para os fóruns de discussão geral de marketing. Ofereça-se para escrever artigos para os ajudar a publicitar o seu produto se tiverem dúvidas sobre o marketing do produto. Depois, afixar uma ou duas mensagens em cada fórum oferecendo-se para escrever artigos para outros.

Não se tornará rico utilizando este método. Contudo, afirmou que simplesmente desejava algumas centenas de dólares, correcto? A maioria dos indivíduos pagará entre $4 e $5 por cada peça, dependendo do seu comprimento, qualidade, etc.

Se tiver experiência, poderá provavelmente compor uma peça de 400 a 500 palavras em aproximadamente 30 minutos. Portanto, pode criar quatro artigos todos os dias com relativa facilidade. Utilizando a estimativa mais baixa de $4 por artigo, ganhará aproximadamente $480 por mês utilizando este método.

Para ganhar dinheiro rapidamente através da produção de artigos, os fóruns são a sua melhor aposta. Esta estratégia tem a vantagem adicional de lhe permitir determinar as suas condições. Se um cliente necessitar de dez peças, pode escrever cinco no primeiro dia e solicitar o pagamento parcial ou total no acto da entrega. No entanto, na maioria dos casos, os indivíduos gostam de verificar os artigos antes de fazer o pagamento.

Se não gostar de passar tempo em fóruns, pode utilizar uma das muitas empresas da Internet que pagam pelos artigos. No entanto, não ganhará significativamente mais com estas organizações, uma vez que elas recebem uma parte dos seus ganhos de cada transacção que fizer. Como estas empresas empregam muitos autores, não ganharia muito dinheiro rapidamente.

13. Páginas de Internet de folhear.

A inversão de websites e blogs é um método para ganhar dinheiro na Internet que requer um investimento inicial de tempo e dinheiro; no entanto, pode lucrar com a inversão de websites.

Ao folhear websites, deve empregar uma abordagem faseada para ganhar dinheiro. Há muitas considerações técnicas e competências especializadas necessárias para a inversão de websites. Pode seguir uma estratégia que cria um mini-website rápido e sujo e converter rendimentos instantâneos numa questão de horas. Depois de seguir os procedimentos, é bastante simples começar a inversão de sítios web.

Aqui está uma amostra do manual contendo informações e instruções de A a Z, que apresenta o perito em Internet e o flipper Mr. X demonstrando o sistema completo. É possível visualizar todos os eventos em tempo real.

A partir daí, terá um conhecimento profundo dos métodos necessários para gerar receitas através da venda de sítios da Internet. Um sistema simples é descrito aqui.

- Como identificar novos tópicos e receber e-mails gratuitos para outras informações.
- Como identificar gratuitamente as palavras-chave adequadas ao seu nicho - Como escolher os tópicos e evitar áreas temáticas específicas.
- Conhecimentos da investigação do Google e do MSN e como dar-lhes.
- Determinar os procedimentos de aquisição de nomes de domínio e os elementos essenciais associados aos nomes.
- Estudo de alojamento gratuito utilizado para a inversão de websites.
- Como localizar SEO e conduzir os visitantes aos seus websites.
- Receber modelos de websites sem custos que não exijam conhecimentos de codificação. - Aprenda a adquirir o conteúdo do sítio sem criar as frases você mesmo.

- Três elementos essenciais para rentabilizar o seu sítio web.

- Adquirir uma estratégia para aumentar os lucros de $300 para $30.000 em seis meses - Vender o seu sítio web mesmo que não tenha obtido lucros - Conselhos de venda em leilão para sítios web e blogues.

Porque não dar uma oportunidade ao site? Pode ser uma forma rentável de ganhar algum dinheiro rápido num mês.

14. Gráficos Online.

Já não são apenas fotógrafos profissionais com equipamento no valor de milhares de dólares capaz de tirar fotografias de cortar a respiração. Muitos indivíduos podem agora tirar excelentes fotografias com uma simples câmara telefónica ou DSLR de alta resolução. Pode gerar rendimentos online passivos se for fotógrafo ou se gostar de tirar fotografias.

Alguns websites permitem-lhe publicar as suas fotografias em qualquer formato e com qualquer alteração. Depois de carregar as imagens, concedeu a outros a permissão online para as utilizar. Evite utilizar pessoas ou locais específicos que listam o seu endereço ou outras informações sensíveis.

Quando uma pessoa compra uma fotografia, é livre de a utilizar da forma que quiser; portanto, não quer que as suas informações pessoais sejam distribuídas em linha.

Os utilizadores exigem frequentemente imagens de objectos tais como árvores, sinalização rodoviária, pores-do-sol, mobiliário, animais, etc. Pode desenvolver um nicho nestes sites de fotografia online se se especializar em fotografias e tiver uma vasta colecção de variações únicas do mesmo objecto.

Os utilizadores que trabalham num website podem desejar incluir uma imagem estática na sua página inicial ou noutras páginas. Em vez de visitarem a empresa ou adquirirem o equipamento necessário para fotografar fotografias de alta qualidade, podem adquirir a sua em linha.

A maioria dos websites cobra uma taxa razoável, permitindo aos visitantes comprar vários objectos sem hesitação. Após o pagamento, o cliente pode guardar as imagens no seu ficheiro para serem utilizadas sempre que necessário. Muitos criadores de sítios web terão uma colecção de fotografias de que gostam, e uma vez que as encontrem, compram-nas em vez de se esquecerem onde se encontravam online.

Estes websites de partilha de fotografias geram dinheiro passivo para os fotógrafos que carregam imagens. Uma vez carregada, a sua imagem estará acessível a milhões de utilizadores que a possam requerer e apreciar. Se vinte pessoas descarregarem a sua imagem todos os meses e o website o compensar por cada descarregamento, não se poderá tornar rico, mas terá um rendimento.

Quer que o seu trabalho seja visto, e todos os fotógrafos profissionais ou amadores têm fotografias que estariam dispostos a vender por dinheiro extra. Quanto mais imagens distribuir, maior será a probabilidade de que o seu conteúdo seja utilizado, e mais consistentemente receberá dinheiro passivo. Este rendimento passivo pode ser reinvestido na sua fotografia, o que é um método fantástico para partilhar o seu trabalho com o mundo.

15. Ofertas de inscrição gratuita por e-mail.

Fiz $30 numa questão de horas fazendo várias sondagens tediosas grátis e subscrições por e-mail num site que paga por sondagens e ofertas. Simplificando, ganhei dinheiro grátis ao preencher alguns formulários usando um endereço Gmail diferente para evitar interferir com as comunicações essenciais.

O Método:

Encontre um website de inquéritos/ofertas pagos e registe-se com a sua informação genuína (para que lhe possam pagar, geralmente por PayPal).

Registe novos ou múltiplos endereços de correio electrónico que deseja utilizar apenas para as sondagens e ofertas.

Seleccione uma sondagem ou oferta da lista do website que lhe interessa ou que parece ser a mais rápida a terminar.

Se lhe for pedido, preencha o inquérito ou oferta gratuita com a sua informação genuína (utilizo um número de telefone falso mas nunca recebi nenhum correio não solicitado com o meu endereço real).

Inscrever-se para um boletim informativo, participar num sorteio gratuito, e inscrever-se num fórum.

Pode ser questionado sobre os seus hábitos de compra, jogos de computador favoritos, etc.

Recupere a sua recompensa no site para pesquisas/ofertas.

Em poucas horas, poderá ganhar $30 se completar esta tarefa por cada uma das ofertas infindáveis que eles oferecem.

Ocasionalmente, se convidar amigos para participar, receberá também uma parte dos seus ganhos, por isso, se se cansar de completar as ofertas, os seus amigos podem fazer o trabalho por si.

Como funciona?

É uma questão simples. A Business A deseja realizar um inquérito ou publicitar um produto gratuito. Liga para um sítio web de dinheiro por compras/ofertas e diz-lhes que pagará uma pequena taxa se os indivíduos aderirem ou terminarem um inquérito através do seu sítio. O sítio lucrativo A aceita a oferta e publica-a no seu sítio web. Termina a oferta no sítio web da empresa. Recebem uma compensação e distribuem-lhe uma parte.

A empresa A está satisfeita por alguém ter participado num inquérito ou oferta. O sítio lucrativo A está satisfeito porque recebeu uma compensação por o ter encaminhado, e o senhor está satisfeito por lhe terem dado parte do dinheiro.

Esta estratégia é normalmente negligenciada devido à sua simplicidade, mas gera um rendimento mensal substancial.

A maioria dos sítios aceita PayPal ou enviar-lhe-á um cheque se o seu saldo atingir $25, o que é simples de conseguir no prazo de um dia.

16. Limpeza de alcatifas.

A empresa de limpeza de tapetes e tapetes é uma daquelas pequenas empresas com taxas de arranque relativamente baratas e fortes possibilidades de crescimento ao longo do ano.

Há três áreas de medição diferentes a examinar quando se analisa uma oportunidade de negócio:

1. A relativa facilidade de entrada no mercado - pode eliminar a concorrência com serviços superiores e estratégias de marketing de baixo custo?

2. Custos de arranque relativos às possibilidades de lucro - existe um ponto de equilíbrio confortável que permita um fluxo monetário positivo durante toda a fase de arranque?

Que tipo de retorno posso esperar do meu investimento na empresa ao longo do tempo? Com que rapidez posso recuperar o meu capital?

Embora haja custos associados a cada negócio, se seguir algumas recomendações fáceis, pode rapidamente gerar lucro na indústria da limpeza de carpetes.

A sua abordagem comercial e de marketing deve centrar-se em satisfazer as exigências dos seus clientes e convertê-los em seguidores empenhados.

Os seus clientes fiéis devem ser devidamente treinados para recomendar a sua empresa aos seus amigos.

Estas cinco áreas vitais a considerar ao lançar um novo serviço de limpeza de carpetes são, na realidade, habilidades de marketing e gestão de pequenas empresas que todos os proprietários de empresas devem dominar. Se dedicar tempo a preparar o seu negócio para o sucesso, poderá alcançar o sucesso.

Com a formação correcta, poderá tomar um pequeno serviço de limpeza de carpetes e duplicar as suas receitas no prazo de um ano, implementando algumas pequenas mudanças. As pessoas estão ansiosas por pagar pelos serviços que estão demasiado ocupadas ou ineptas a realizar elas próprias. Isto permite-lhes seguir em frente com as suas vidas e perseguir as suas paixões.

Em troca, compensam-no adequadamente pelo seu trabalho continuado. Melhora à medida que novos serviços são acrescentados à lista com base no feedback do cliente e em actualizações de pacotes. O valor vitalício dos seus clientes pode começar a aumentar à medida que diversifica as suas ofertas de produtos.

Lembre-se de que um terço das receitas das empresas de limpeza de carpetes mais bem sucedidas provém de clientes recorrentes. Assim, os métodos de marketing de referência são essenciais para a rentabilidade a longo prazo.

Lembre-se de que se seguir os conselhos de profissionais experientes do serviço de limpeza de carpetes, terá uma base sólida para gerir um negócio rentável. A abordagem é idêntica à de trabalhar para uma franquia, mas sem as dezenas de milhares de dólares necessários. Pode montar a sua empresa e começar a ganhar dinheiro no primeiro mês.

17. Escrever livros electrónicos.

A criação e venda de livros electrónicos é uma das formas muito populares de gerar dinheiro na Internet. Muitas pessoas de todos os sectores da vida ganham a vida produzindo e vendendo livros electrónicos na Internet.

As pessoas estão dispostas a pagar por informações que as tornem mais prósperas, conhecedoras, e com mais conteúdo. Todos os dias, muitas pessoas exploram a Internet em busca de informação que lhes permita melhorar as suas vidas.

Se tiver um computador com uma ligação à Internet, pode facilmente produzir o seu livro electrónico e ganhar dinheiro substancial vendendo-o em linha.

O marketing de livros electrónicos é um método bem sucedido e divertido de ganhar dinheiro online e trabalhar a partir de casa. É uma empresa que permite aos empresários com capital limitado lançar uma empresa lucrativa.

Não é obrigado a transportar stock. O seu produto está em formato digital. Assim, não requer qualquer espaço de armazenamento.

Os clientes podem descarregar e-books directamente da Internet. Assim, não há custos de entrega. Os clientes recebem-no rapidamente depois de o descarregarem do seu website.

Pode vender quantidades ilimitadas do seu livro electrónico sem esgotar o seu stock. Basta armazenar uma única cópia no seu sítio web, e os clientes podem descarregar rapidamente o seu livro electrónico depois de completarem a sua compra.

Pode desenvolver um livro electrónico vendável sobre qualquer tópico, desde que compreenda o tópico por experiência pessoal, estudo, ou ambos.

Decida sobre o que vai escrever primeiro. Deve seleccionar um tópico atempadamente. Não pode simplesmente escrever sobre qualquer tema e esperar tornar-se rico. Deve ter um produto ou serviço que as pessoas desejem e que estejam dispostas a pagar.

Tem de realizar estudos de mercado para determinar se existe uma procura para o assunto que tem em mente. Isto é essencial. Não quer investir tempo, dinheiro e esforço na geração de um livro electrónico mal sucedido. Muitas ferramentas podem ajudá-lo a determinar se o seu produto irá ser vendido.

Depois de determinar que o seu produto terá sucesso, é altura de produzir o livro electrónico, o website, e a carta de vendas. A seguir, deve seleccionar um anfitrião web. Um anfitrião web é um serviço que oferece os servidores em que reside um sítio web.

Deve informar as pessoas sobre o seu livro electrónico. Por conseguinte, deve comercializar. A publicidade é essencial para o sucesso do seu negócio. Pode promover o seu livro electrónico utilizando ezines, fóruns em linha, anúncios pay-per-click, autoria de artigos, blogs, e listagens em motores de busca, entre outros canais. Uma vez que o seu sítio web esteja em directo, está pronto para começar a atrair visitantes.

Hoje em dia, vender conhecimentos em formato eBook é uma das empresas mais fascinantes e lucrativas. Esta indústria tem tornado muitas pessoas muito afluentes. Também você pode gerar rendimentos elevados neste mercado multi-bilionário. Tudo o que precisa é da informação correcta sobre como fazê-lo e o desejo de seguir algumas orientações fáceis.

Tendo feito o seu primeiro livro electrónico, verá que gerar o seu segundo e muitos mais se torna cada vez mais fácil, e dentro de poucos meses, poderá ter muitos livros electrónicos, cada um ganhando dinheiro para si mês após mês, ano após ano.

18. Inquéritos pagos.

Os inquéritos pagos são um método pelo qual se pode ganhar dinheiro completando alguns dos inquéritos online disponíveis. Esta é uma das formas mais eficazes e simples de ganhar dinheiro online. Se precisar de dinheiro mensal extra, pode aderir a alguns sites de sondagens online e seguir as suas instruções para ganhar dinheiro online.

A conclusão destas sondagens já não requer experiência ou perícia, pelo que qualquer pessoa pode aderir a estes sítios e ganhar dinheiro. Esta é a melhor oportunidade de ganhar dinheiro online em tão curto espaço de tempo. No entanto, isto não é para si se pretender enriquecer completando inquéritos pagos.

As sondagens pagas não podem resultar em riqueza ao longo do tempo. No entanto, é uma grande oportunidade de ganhar dinheiro extra online todos os meses, que pode ser utilizado para outras necessidades. Estas pesquisas podem ser divertidas e não requerem muito tempo. Pode completá-los em poucos minutos e receber fundos adicionais.

Mas antes de começar a participar nestes inquéritos online pagos, deve tomar algumas precauções para evitar perder dinheiro.

- Inicialmente, deve procurar os sítios de sondagem mais fiáveis e sem custos. Muitos sítios novos cobram-lhe para aderir e oferecem-lhe um montante substancial por cada pesquisa que complete. Estes sites são provavelmente fraudulentos e devem ser ignorados.

- Depois, deverá procurar um site de sondagens pago que lhe ofereça mais sondagens mensais. Estes sítios devem render-lhe um mínimo de $50 todos os meses. Pode haver um grande número de sítios que não ofereçam muitos inquéritos. Além disso, algumas empresas só podem fornecer-lhe 1-2 inquéritos todos os meses. Estes sítios web podem não ser de grande ajuda para si. Por conseguinte, deve evitá-los.

- Além disso, deve escolher um sítio de sondagens pago em linha que seja bem estabelecido e respeitável. Um bom e respeitável sítio web ajudá-lo-á sempre a gerar dinheiro rapidamente, e terá a menor hipótese de ser enganado.

- Assegure-se de que faz sempre login nestes sites utilizando um endereço de correio electrónico como Yahoo ou Gmail. Não deve utilizar o endereço de correio electrónico do seu sítio web ou o seu endereço de correio electrónico. Isto pode comprometer a sua privacidade. Assim, deve evitar fazê-lo.

Com estas e outras técnicas, pode simplesmente ganhar dinheiro online e manter o rendimento adicional nos seus bolsos. Além disso, pode pagar outras taxas mensais que podem ser difíceis de pagar no final do mês.

19. Negociação FX.

Aqui está um exemplo de como pode lucrar com o comércio forex, mesmo que ganhe apenas 40% das suas transacções.

Vamos criar uma situação comercial.

Suponhamos que se chega à seguinte conclusão:

Fará negócios de segunda a sexta-feira.

Prevê perder 60% dos seus negócios e ganhar 40%.

Está a lutar pelo risco:

Uma relação risco/recompensa de 1,0: 2,0 (ou seja, pode antecipar receber $2 por cada $1 de risco).

Negociará numa conta micro avaliada em $300.

Não arriscará mais de 2% em qualquer negociação ou $6 inicialmente.

Com uma conta micro, arriscar $6 (ou 2% da sua conta) permitir-lhe-á definir perdas de paragem de 60 pips, aumentando a probabilidade de uma negociação bem sucedida. Além disso, com base no nosso risco: rácio de recompensa, o seu objectivo será ganhar $12 por cada $6 em que arrisque.

Vejamos como este exemplo de câmbios de moeda se apresenta.

40% dos 20 dias de negociação de cada mês (desde que negociamos de segunda a sexta-feira) resultam em lucros (8 dias de negociação). Para os restantes doze dias, prevê-se a ocorrência de perdas. O cenário de lucro/perda para todo o mês de negociação ficaria assim:

LUCROS: $96 PERDAS: $72 GANHOS LÍQUIDOS: +$24 ROI: +8%.

Este ganho líquido de $24 numa conta de $300 representa um ROI de 8% para o mês inteiro. Agora, pode considerar $24 como sendo uma pequena quantia. Este é o caso. No entanto, olhe para além do valor monetário e considere o que conseguiu.

Um retorno mensal de 8% equivale a um ROI anual de 96%, duplicando aproximadamente o seu dinheiro todos os anos. Compare isto com os minúsculos 2% a 3% que o seu banco local amigável paga anualmente.

Mesmo que perca 60% do tempo no mercado de moeda estrangeira, é viável esperar 8% de lucros em qualquer mês.

Mesmo que se negociasse apenas um mês por trimestre, ainda assim ganharia um rendimento anual de 32%.

Isso é certamente algo que vale a pena observar! Olhe para além dos dólares e cêntimos reais, pois uma micro conta destina-se a ajudá-lo a melhorar. Trata-se de aperfeiçoar as suas capacidades de negociação e expandir-se! Uma vez que possa alcançar regularmente os seus retornos mensais desejados, pode actualizar para uma conta padrão ou micro e gerar ganhos de capital maciços.

Instância: tornar-se um negociante Forex excepcional em primeiro lugar e acima de tudo. Pratique em contas demonstrativas, negoceie dinheiro real em micro e/ou mini contas se for capaz, e aperfeiçoe as suas capacidades. Depois, ganhará muito dinheiro no mercado Forex.

20. Edifício da Lista.

A elaboração da lista e o envio por correio electrónico da sua lista de opt-in é o método mais rápido para gerar rendimentos mensais. De facto, com o clique de um botão no seu autorresponder de e-mail, pode instantaneamente direccionar milhares de pessoas para o sítio web da sua escolha, seja para o produto de um afiliado ou para o seu próprio.

Sem dúvida, a forma mais rápida de ganhar dinheiro para si na Internet é enviar uma oferta para a sua lista e receber gratificação instantânea através de alertas de e-mail "You Made a Sale".

Ouça os construtores da lista principal. Siga o exemplo de indivíduos que ganham dinheiro a pedido, em vez de se tornarem fracassados que se queixam continuamente da sua falta de sucesso financeiro.

Mas como é que esta fantasia de "botão de pressão" se pode tornar uma realidade? Quer dizer, todos compreendem que o dinheiro é ganho por ter uma lista de opt-in maciça. Quantas vezes já leu "O Dinheiro está na Lista"?

As palavras são completamente verdadeiras. Possuir a sua lista de "opt-in" é o activo mais valioso para a sua empresa.

Uma lista reactiva de subscritores é comparável à posse da sua caixa multibanco. Quando um botão é premido, o dinheiro corre para fora.

Uma vez empregado o poder desta estratégia de marketing, toda a sua organização será criada para gerar receitas recorrentes automaticamente.

Mesmo com uma lista modesta de 1.000 indivíduos, é possível determinar que cada assinatura vale $1,50. Este montante é equivalente a mais de 1.500 dólares por mês.

O que faria na sua vida se tivesse um adicional de $1.500 por mês?

- Geralmente, quanto maior for a lista, maior será o cheque de pagamento.
- O tamanho da sua lista de correio será directamente proporcional ao seu rendimento.
- Uma lista de 5.000 ou 10.000 pessoas pode ser compilada utilizando algumas abordagens de construção de listas.

Ganhar $1 por assinante traduz-se a $5.000 a $10.000 mensais apenas de enviar a sua lista por e-mail. Esta é a vantagem de ter uma lista altamente reactiva.

Mas COMO é que constrói a sua lista?

Material importante foi omitido de todos os livros electrónicos e relatórios especiais sobre como atrair visitantes para o seu website para gerar uma lista de correio electrónico altamente reactiva. As estratégias e segredos ou não foram mencionados ou exigiram software ou procedimentos dispendiosos fora do alcance do comerciante comum.

Esta união subterrânea de comerciantes altamente compensados não tem a intenção de revelar a verdadeira chave para fazer enormes quantias de dinheiro através de listas de opt-in. Ao prometerem algo que não pretendiam entregar, obtiveram enormes somas de dinheiro dos comerciantes comuns.

Em quem se pode confiar?

- Os proprietários de sítios Web de anúncios classificados aconselharam-no que este era o melhor método para gerar grandes visitantes.

- Segundo os especialistas do Google, o Google é a técnica mais bem sucedida para gerar tráfego e inscrições para o seu website de opt-in.

A utilização de uma combinação de todos os métodos acessíveis para gerar tráfego é a estratégia mais eficaz.

Para ganhar dinheiro, é preciso aprender a vender.

Uma vez que o visitante chega à sua página de opt-in, no entanto, precisa dos talentos de um redactor para vender ao visitante opt-in. Este é o elo que falta em todos os segredos dados, vendidos, ou trocados.

O conteúdo das páginas "opt-in" dos principais gurus é tão cativante como o conteúdo das suas páginas de produtos. Os redactores altamente compensados elaboram estas páginas para evocar uma resposta favorável por parte do visitante. A sua linguagem apela às exigências emocionais do público a que se destinam. Devem convencer o visitante em menos de 5 segundos de que desejam o seu produto ou serviço.

O objectivo típico do comerciante é distribuir um relatório, mas a menos que a sua cópia da web seja bem concebida e cativante, é muito provável que o visitante clique longe do seu site.

A sua página de opt-in é ineficaz se não souber como apelar às emoções e ao intelecto do visitante para o convencer a fornecer as suas informações pessoais.

Deve comunicar todos os benefícios ao visitante de forma a obter uma resposta positiva.

Pode não importar quão apelativa seja a sua oferta se a sua cópia online não conseguir convencer o visitante de que precisa do seu produto.

Assim que tiver a atenção do visitante, deverá enviar uma mensagem de seguimento bem escrita. O sucesso ou o fracasso dos seus esforços de marketing por correio electrónico dependerá do que der e da forma como o apresentar.

Há múltiplos componentes envolvidos no processo de opt-in como um todo. Deve ter todos os componentes da sua campanha de e-mail opt-in para obter os resultados desejados.

O método de extracção de receitas da sua lista exigiria um relatório detalhado, mas este é o tema de outro ensaio e de outro dia.

Concentre-se em encontrar e dominar uma ou duas formas de construir a sua lista hoje. Depois de dominar estas duas tácticas, deverá passar para mais tráfego e estratégias de crescimento da lista.

21. Fotografia.

As pessoas perguntam-me frequentemente como podem ganhar dinheiro com as suas câmaras digitais o mais rapidamente possível. Embora a fotografia seja uma arte que leva tempo a dominar, existem algumas maneiras de ganhar dinheiro rapidamente e começar a ganhar receitas recorrentes com ela. Mesmo um iniciante na fotografia digital ou um fotógrafo amador acharão estas dicas úteis.

Primeiro, tem de perceber que não vai ganhar dinheiro no primeiro dia ou mesmo na primeira semana, mas uma vez que compreenda estes conceitos, poderá ganhar dinheiro extra todos os meses, e dentro do primeiro mês, verá lucros substanciais. Recomendo que comece por enviar as suas fotografias para os sites de fotografia microstock tais como Fotolia, Dreamstime, Bigstockphoto, e Istockphoto.

No entanto, não deve submeter à Istockphoto até que as fotografias sejam aceites noutros websites.

Além disso, Bigstockphoto é provavelmente o mais simples de todos e aprova as fotografias com relativa facilidade. Mesmo que as suas imagens sejam rejeitadas, não se desanime; em vez disso, use-as como motivação para melhorar a sua fotografia e criar fotografias de maior qualidade.

Aconselho-vos a tirarem fotografias de microstock enquanto fotografam outros eventos. Deve submeter-se a estes sítios antes de passar a outros projectos fotográficos, pois podem gerar um rendimento passivo substancial para si. Mesmo se fotografar um casamento, retrato de finalista, ou retrato de família, ganha dinheiro ao longo do dia.

Carregue sempre consigo uma máquina fotográfica; acabará por desenvolver um olho para o que vende e o que não vende nestes sítios. Recebe apenas alguns dólares por download de imagens, mas se tiver milhares de imagens como eu tenho, verá ganhos mensais significativos.

Também vai querer que o seu nome seja conhecido. Ficaria verdadeiramente surpreendido com o número de pessoas na sua área que procuram um fotógrafo como você, mas que desconhecem a sua existência. Aqui estão algumas das formas de dar a conhecer o seu negócio e serviços:

Crie um website com algumas amostras de fotografias.

Coloque um anúncio no jornal com o endereço do website e distribua cartões de visita às lojas nupciais locais.

Leve a sua máquina fotográfica consigo para pequenos jogos da liga, ofereça-se para ser assistente de um fotógrafo de casamentos escreva alguns artigos, e crie um link para o seu site

As escolhas são ilimitadas quando comercializa os seus serviços, por isso, faça tudo o que estiver ao seu alcance. Receberá trabalho substancial das técnicas acima mencionadas, por isso não se esqueça de programar as suas tarefas em conformidade para evitar ser sobrecarregado. A última coisa que deseja é que a qualidade do seu trabalho diminua.

Terá também de aprender também a editar correctamente as imagens. Como o seu computador é a sua "câmara escura digital", passará muito tempo a editar fotografias, a mudar cores e tons, e a descartar imagens indesejadas.

O Photoshop é amplamente considerado como o maior programa de edição de fotos disponível. A maioria dos fotógrafos usa-o, mas tente uma alternativa se o achar demasiado caro ou complicado. O Paint Shop Pro serviu-me bem durante o primeiro ano em que o utilizei. No entanto, acabará por decidir comprar e estudar o Photoshop.

22. Comunicado de imprensa.

Um comunicado de imprensa é uma das formas mais eficientes de o conseguir, mas devem ser cumpridas certas condições para que seja bem sucedido.

Há alguns anos atrás, o meu marido iniciou uma lista de distribuição gratuita para um segmento de mercado inexplorado na Dinamarca, onde residimos actualmente.

Decidimos afinar o conceito ao fim de um ano. Transformaríamos esta especialidade numa escola e cobraríamos mensalidades de subscrição.

Elaborámos um comunicado de imprensa informando o público sobre a chegada iminente deste nicho de mercado à Dinamarca, uma vez que esta noção era anteriormente desconhecida na Dinamarca, mas generalizada no estrangeiro.

Foi publicado em alguns jornais e publicações, e até recebemos publicidade online.

As pessoas invadiram a nossa página de vendas, e centenas de assinaturas foram adquiridas. Muitas foram para a nossa escola de e-learning premium, enquanto outras foram para a nossa lista gratuita.

Mais tarde, oferecemos livros nesta área tanto à lista gratuita como à lista paga, e muitos dos assinantes da lista gratuita acabaram por se tornar estudantes pagantes.

Considere Algo Novo.

Ao escrever um comunicado de imprensa, deve primeiro colocar-se na posição do leitor. O que é que o leitor estaria interessado em saber?

A maioria das pessoas está ansiosa por aprender algo novo. Consequentemente, se houver algo de novo no seu produto, pode aproveitar essa perspectiva para talvez despertar o interesse dos meios de comunicação social e encorajá-los a escrever sobre o mesmo.

Não componha um desses longos e desinteressantes comunicados de imprensa que actualmente inundam a Internet.

Não são permitidas mais de trezentas palavras. É possível expressar muito com apenas 300 palavras.

Torná-lo Pronto a Utilizar.

Na maioria das vezes, se um órgão de comunicação social utilizar o seu comunicado de imprensa, pedirá a um dos seus jornalistas que o reescreva; podem até contactá-lo para fazer mais perguntas.

Para gerar um interesse inicial no seu trabalho, deve escrevê-lo de modo a que esteja teoricamente pronto a ser impresso.

Dê prioridade ao conteúdo mais envolvente. Em vez de utilizar o "I" no comunicado de imprensa, conduza uma breve "entrevista" consigo mesmo. Mesmo os subtítulos são admissíveis.

Distribua o seu comunicado de imprensa para os meios de comunicação social apropriados.

Não cometa o erro de enviar a uma revista de gatos o seu comunicado de imprensa sobre o seu novo e-book espantoso sobre como impedir um cão de ladrar. Seleccione os meios de comunicação social apropriados para o seu comunicado de imprensa.

23. eBay.

O eBay torna simples ganhar dinheiro em casa quando se precisa de dinheiro rapidamente. Uma vez que compreenda como o eBay funciona e tenha incorrido em pequenas taxas de arranque, o céu é o limite para a expansão da sua empresa.

Aqui estão três estratégias de compra de stock que os vendedores experientes do eBay utilizam para adquirir inventário para revenda no eBay, que o vendedor médio do eBay desconhece. Agora pode obter inventário para as suas transacções no eBay da mesma forma que os maiores vendedores.

1. Comprar no fim de estação local e fecho de vendas de negócios.

As mesmas práticas comerciais existem em todo o lado. Muitos indivíduos criam empresas que falham. Quando uma loja de retalho entra em colapso, o seu inventário deve ser liquidado. Estas vendas de liquidação de stocks ocorrem frequentemente. Tipicamente, são publicadas no jornal local.

Contudo, alguns leiloeiros são especializados em liquidações em alguns locais e podem realizar leilões semanais ou mensais. Consulte os seus jornais locais e a Internet.

2. Comprar na Liquidação Local Vendas e Leilões.

Todas as cidades têm casas de leilão que vendem artigos grandes e pequenos, tais como automóveis e vestuário.

Muitos outros compradores num leilão local serão retalhistas e/ou vendedores do eBay, de modo a enfrentar uma concorrência intensa. Isto implica que deve evitar ficar absorto no presente.

Além disso, os acordos de fim de estação são ideais para encher a sua loja do eBay. Pode ser o fim do Verão nos Estados Unidos, mas será o início do Verão no hemisfério sul, pelo que ainda terá milhões de potenciais clientes.

As marcas de desenhadores vendem sempre. Procure vendas de produtos de designer, tais como vestuário, acessórios e maquilhagem. Verifique as Listas Completas antes de comprar para se assegurar de que não está a pagar em excesso.

Aqui estão alguns perigos de liquidação e leilão a evitar:

* Nunca lance mais por um artigo do que pretendia antes do início do leilão;

* Traga apenas a quantidade de dinheiro que pode gastar;

* Inspeccione os artigos, especialmente os lotes de caixas, antes do leilão;

* Determine o preço pelo qual pode revender cada artigo no eBay;

* Considere as despesas de transporte;

* Lembre-se de guardar os seus produtos com cuidado e segurança quando os colocar no eBay.

3. Compra de Segundos de Fabricante.

Os segundos são produtos que não cumprem os critérios de controlo de qualidade do fabricante. Por exemplo, se uma empresa fabrica vestuário, os segundos são artigos para os quais o lote de tintura foi da cor errada ou com outros defeitos.

As falhas não prejudicam a vestibilidade dos artigos, mas deve reparar neles quando os anunciar para venda. Os seus compradores devem ser informados do estado do artigo em que estão a licitar; se indicar as falhas no seu anúncio de leilão, eles não podem alegar que apresentou um artigo de forma incorrecta.

24. Vídeos de Marketing e Sítios Web de Vídeo.

Uma das formas mais recentes de ganhar dinheiro instantâneo online é através de vídeos de marketing e sites de vídeo. Embora esta seja ainda uma forma diferente de fazer algum dinheiro líquido, tem ganho velocidade e ímpeto nos últimos meses, à medida que cada vez mais pessoas olham para isto como uma forma viável de fazer dinheiro.

Agora, quando falamos disto como uma forma de ganhar dinheiro, temos de reconhecer que há algum trabalho preliminar a ser feito, mas antes de mais nada, vamos examinar o conceito subjacente a esta linha de pensamento.

Alguns indivíduos vendem vários vídeos e livros e afirmam fazer qualquer coisa desde um par de dólares a alguns milhares de dólares diariamente. Se seguirmos o seu raciocínio, podemos obter os mesmos resultados.

Antes de mais, quando se comercializam vídeos, vende-se principalmente estes filmes em linha, que não requerem um produto. Tudo o que está a fazer baseia-se exactamente na mesma premissa que o comerciante afiliado; é o trabalhador que vende estas coisas em seu nome e recebe uma parte dos lucros.

Desenvolve interesse e excitação em torno do produto e assegura-se de que os indivíduos estão motivados a comprá-lo em primeiro lugar; neste momento, o seu trabalho termina, e o do fabricante do produto começa.

Todos estão envolvidos nas coisas que o produto oferece. Os websites de vídeo são vantajosos, uma vez que os utilizadores fornecem material envolvente. Considere-o uma espécie de marketing viral por si só, e o ponto forte do site de vídeo é que se espalha rapidamente quando as máquinas de videira digitais estão em funcionamento.

Por conseguinte, gerar filmes de marketing de riqueza é uma forma de não pensar, para si e para todas as outras pessoas no mundo, que irão receber o valor do seu dinheiro assim que começarem.

A quantidade de dinheiro que pode ser gerada a partir destes sites e filmes é bastante grande, e à medida que a palavra se espalha e outros começam a construir os seus produtos, poderá seleccionar e escolher os melhores produtos e maximizar a quantidade de dinheiro que ganhará com eles. Este é um excelente método para lançar a sua carreira de marketing afiliado; nada o deve impedir de o fazer.

Deverá adaptar alguns dos mais importantes princípios e elementos de marketing de afiliação à sua indústria e ao seu mercado alvo. Estes são os aspectos mais essenciais das capacidades do site de vídeo e do marketing de afiliação. Por isso, comece já a sua carreira!

25. Joint Venture.

As joint-ventures permitem-lhe formar uma parceria lucrativa com outro indivíduo. Esta é uma oportunidade significativa para qualquer pessoa que procure um trabalho legítimo - um trabalho de casa. Também pode obter outras ideias de negócio para si próprio através de uma empresa conjunta. Deve investigar devidamente qualquer pessoa ou empresa que afirma poder ganhar dinheiro rápida e facilmente, mas uma joint-venture pode fornecer a solução que deseja.

Deve decidir o que pretende realizar com a sua joint venture, uma vez que você e o seu parceiro têm muito a ganhar com ela, e se for feita de forma eficaz, pode proporcionar-lhe uma oportunidade de ganhar dinheiro rapidamente. Lembre-se de que o objectivo das joint-ventures é que ambos os participantes ganhem ou lucrem.

Como uma das suas ideias de negócio, a maioria dos empresários entram em joint-ventures por quatro razões principais. Podem aumentar um produto que tem actualmente e fornecer mais conhecimentos sobre as necessidades do seu mercado-alvo. O seu produto pode vender melhor como complemento ao produto de um parceiro de joint-venture. Isto ajuda-o no futuro ao produzir outras coisas para vender.

Como foi dito anteriormente, fazer dinheiro simplesmente nem sempre é simples. Ainda pode participar numa joint-venture, mesmo que não tenha um produto. As joint-ventures são parcerias em que ambas as partes contribuem. Pode realizar a maioria das tarefas e utilizar o resultado de outro indivíduo. Aqueles que não têm mais nada para contribuir estão satisfeitos com este sistema.

Estes empreendimentos de colaboração também podem melhorar a credibilidade das suas estratégias futuras para ganhar dinheiro rapidamente. O seu parceiro de joint-venture pode já ter um grande número de consumidores satisfeitos. Quando subsequentemente compram através da sua venda conjunta, tornam-se seus clientes. Isto permite-lhe comercializá-los para iniciativas futuras que tenha.

Todos sabemos que um negócio legítimo baseado em casa requer clientes repetidos. Os seus novos clientes já compraram anteriormente ao seu parceiro e estão agora a comprar os seus novos produtos. É provável que os clientes adquiram produtos futuros de outras ideias comerciais que tenha na mesma indústria.

Pode começar a ver que gerar dinheiro pode simplesmente ser feito desde que se mantenha honesto com o seu parceiro e com o consumidor e dê um produto ou serviço fantástico.

O terceiro objectivo que poderá perseguir é expandir o seu alcance comercial. As joint-ventures aumentam o seu alcance de marketing porque os clientes têm mais probabilidade de confiar em si, bem como de se sentirem mais à vontade a comprar-lhe no futuro. Como foi dito anteriormente, pode utilizar clientes que já confiam no seu parceiro de joint-venture. Além disso, eles podem encaminhá-lo para outros interessados em comprar-lhe.

O quarto princípio pode expandir as suas ideias de negócio, uma vez que pode entrar em mercados imprevistos onde pode ganhar dinheiro rapidamente. Se perguntar, os seus novos consumidores podem mencionar mais produtos que pode fornecer.

Este método de fazer dinheiro rapidamente pode também colocá-lo em boa posição junto do seu parceiro de joint-venture. As joint-ventures não estão restritas a um único projecto. Se cumprir a sua metade do acordo e ambos ganharem muito dinheiro, o seu parceiro pode envolvê-lo noutra das suas ideias de empresa, da qual pode lucrar.

Todos os mencionados acima podem proporcionar-lhe oportunidades legítimas de trabalho a partir de casa, mas deve realizar uma pesquisa exaustiva sobre quaisquer ideias de negócio que deseje prosseguir. Nunca ouviu falar delas antes, e eles podem nunca ter ouvido falar de si. Uma vez que um de vós deve receber ordens, manusear dinheiro e cumprir instruções, a confiança deve ser concedida.

Se utilizar a lista de contactos dos clientes compradores de outra pessoa, pode dar por si a fazer um esforço significativo. Estes podem já ter os mecanismos necessários para aceitar encomendas e pagamentos. Pode também ter de esperar pelo pagamento, uma vez que os pagamentos diários nem sempre estão disponíveis; os pagamentos mensais são mais prováveis. Isto pode ser mais longo, uma vez que pode haver um prazo de garantia para o cliente comprador.

Não permita que nada disto lhe cause qualquer preocupação. Como todos sabemos, não é fácil ganhar dinheiro, mas se o seu possível cônjuge tem a perícia, ele ou ela também tem de começar por algum lado. Eles têm de depositar a sua fé noutra pessoa em algum momento.

O seu parceiro de joint-venture pode ter um calendário altamente agitado e nem sempre ser capaz de dedicar tempo a um projecto que tenha criado.

Uma das coisas que as empresas que trabalham legitimamente a partir de casa devem fazer é prestar assistência contínua aos clientes existentes, ao mesmo tempo que adquirem novos clientes. Alguns clientes deixarão de adquirir o seu produto, pelo que terá de adquirir novos clientes.

Os empresários extremamente ocupados devem expandir a sua base de consumidores. Por conseguinte, eles envolvem-se em empreendimentos de colaboração. Terão um projecto concluído e precisam de alguém para completar as restantes tarefas.

Isto pode ser feito por um novo empresário que está a crescer o seu império. A nova pessoa adquire novos clientes através da venda de um produto, enquanto o empresário existente recebe informação do consumidor para ajudar a construir a sua lista.

Uma empresa conjunta pode beneficiar todas as partes envolvidas, desde que ambas as partes beneficiem. Divirta-se, e boa sorte com o seu próximo projecto.

26. Leilões em linha.

Já alguma vez considerou o número de objectos na sua posse que já não utiliza ou deseja? É provável que tenha diferentes objectos interessantes a recolher pó quando poderiam estar a ganhar dinheiro para si e para a sua família.

Ao passar pela sua casa, pense duas vezes antes de se desfazer de qualquer coisa, porque mesmo que esteja partido ou em mau estado, alguém pode ainda estar preparado para lhe pagar por isso. Pode mesmo visitar as vendas de garagem locais em busca de artigos que possam ser revendidos.

Esta é uma oportunidade fantástica de ganhar muito dinheiro, pois está praticamente a gastar cêntimos no dólar por um artigo que quase de certeza irá vender por mais em linha.

Uma outra vantagem dos leilões online é que está ligado a compradores de todo o mundo, o que aumenta consideravelmente a probabilidade de que os seus produtos sejam vendidos por um preço mais elevado do que o esperado. Este é um método fantástico para ganhar algum dinheiro rápido, mas pode facilmente ser transformado numa profissão a tempo inteiro que traz um rendimento mensal consistente.

27. Encaminhamentos.

Se precisar de um pouco de rendimento, é altura de começar a trabalhar. Se jogar bem as suas cartas, poderá ganhar dinheiro rapidamente na Internet, e pode fazê-lo através de referências.

Esta pode ser a oportunidade que tem procurado se tiver uma grande rede ou se estiver confiante na sua capacidade de se publicitar online para inscrever referências num programa de referências com sucesso.

Em primeiro lugar, um programa de referência irá compensá-lo por fazer uma actividade específica. No entanto, ganha mais dinheiro ao indicar pessoas, e também lucra com as actividades que estas realizam.

É compensado através de receitas publicitárias. No entanto, reembolsar-lhe-ão mais por indicações e pagarão mais quando publicarem. Por exemplo, alguns websites pagam-lhe para publicar no seu site.

Não se trata de um esquema de fazer dinheiro a longo prazo, a menos que o faça. Os indivíduos que se inscrevem em muitos programas de referência ganham mais do que trocos de bolso todos os meses. Fazem disso uma carreira. Têm muitas centenas de recomendações por baixo delas. Além disso, as suas recomendações contêm mais referências por baixo delas.

Consequentemente, é viável ganhar dinheiro rápido através de recomendações. Além disso, ver a sua linha crescer cada vez mais pode ser muito mais divertido. Consequentemente, a sua conta bancária irá aumentar. Considere, também, que outros estão a gerar dinheiro porque partilhou com eles a oportunidade.

CONCLUSÃO.

A questão é como ganhar muito dinheiro rápida e facilmente no prazo de um mês. Observe o ponto de interrogação na conclusão. Há muitas perspectivas sobre este tópico em particular.

A questão de fundo é como ganhar muito dinheiro rapidamente. Agora, vejamos mais de perto esta questão. Aqui estão algumas possibilidades a examinar. É capaz de digitar? Então, pode procurar emprego como dactilógrafo.

Gosta de prestar um excelente serviço ao cliente? Considere ser um assistente virtual! Gosta de escrever? Então uma posição como copywriter pode estar mesmo ao seu lado!

Com que rapidez lhe será pago, e qual deve ser a escala de compensação a considerar?

É pago diariamente, semanalmente, quinzenalmente, ou mensalmente?

Lembre-se que a tabela de remuneração para algumas destas tarefas não é particularmente grande, pelo que terá de fazer muitos esforços para ganhar o dinheiro de que necessita o mais rapidamente possível. A seguinte pergunta que deve fazer a si próprio é se está disposto a completar o trabalho. Se a resposta for não, pode optar por continuar a sua pesquisa. Grandes quantias de dinheiro representam várias coisas para diferentes pessoas.

O quanto pode ganhar e a rapidez com que é pago depende das suas capacidades, do seu trabalho, e da forma de pagamento. Uma pessoa pode considerar 100 dólares de cada vez como dinheiro, enquanto outra considera 1000 dólares semanais como muito dinheiro. Ao seleccionar a resposta a esta questão, deve considerar que um Assistente Virtual é bem compensado, mas tem uma responsabilidade substancial.

Tente o que eu fiz se precisar de dinheiro rapidamente dentro de um mês. Estou a gerar mais dinheiro hoje do que no meu negócio anterior, e você também pode, se subscrever estas ideias de fazer dinheiro rápido discutidas até agora.

A melhor das sortes!

Habilidades de Gestão para Gestores.

1. Gestão do Tempo para Gestores
2. Coaching de Gestores para Empregados
3. Formação de Equipas para Gestores
4. Autoconfiança para os Gestores
5. Habilidades de Negociação para Gestores
6. Habilidades de Serviço ao Cliente para Gestores
7. Assertividade para os Gestores
8. Etiqueta Empresarial para Gestores
9. Habilidades de Audição para Gestores
10. Habilidades de Liderança para Gestores
11. Habilidades de Comunicação para Gestores
12. Habilidades de Apresentação para Gestores
13. Gestão de Stress para Gestores
14. Tomada de decisões para os Gestores
15. Gestão de Conflitos para Gestores.

Série: Liberdade financeira em qualquer idade.

- Alcançar a liberdade financeira na casa dos 20
- Alcançar a liberdade financeira na casa dos 30
- Alcançar a liberdade financeira na casa dos 40
- Alcançar a liberdade financeira na casa dos 50
- Alcançar a liberdade financeira na década de 60
- Alcançar a Liberdade Financeira na década de 70 e mais além.
- Alcançar a Liberdade Financeira nas crianças
- Alcançar a liberdade financeira nos adolescentes
- Alcançar a Liberdade Financeira nos estudantes universitários.

➢ Esquemas financeiros a ter em conta na reforma.

Série: Finanças pessoais para si.
➢ Compra e Venda de Cripto para Principiantes
➢ Porque Investir em Acções de Dividendos Faz Sentido.

Série: Riqueza 2022.

➢ Empreendedorismo Online.
➢ Iniciar o seu próprio negócio
➢ Gestão da Riqueza
➢ Rendimento Passivo.
➢ 12 Passos para iniciar o seu próprio negócio.

Série: Excelente Serviço ao Cliente.
➢ Excelente serviço ao cliente no retalho
➢ Excelente Serviço ao Cliente em Fast Food
➢ Excelente serviço ao cliente no Restaurante Full-Service
➢ Excelente Serviço ao Cliente no Ensino.
➢ Excelente Serviço de Apoio ao Cliente em Imobiliário
➢ Excelente serviço ao cliente num Call Center

- Excelente Serviço de Atendimento ao Cliente como Recepcionista
- Excelente Serviço de Atendimento ao Cliente num Hotel
- Excelente Serviço ao Cliente na Venda
- Excelente serviço ao cliente Não importa a situação.
- Excelente Serviço ao Cliente no Consultório Dentário
- Excelente Serviço ao Cliente no Consultório Médico.

Série: Dinheiro rápido.

- Dinheiro rápido numa semana
- Dinheiro rápido num fim-de-semana
- Dinheiro rápido num mês
- Dinheiro rápido para estudantes.

Série: Como Promover.

- Como promover o seu livro de receitas
- Como promover o seu livro infantil.

Outros livros de D.K. Hawkins.

- ➤ Como fazer o seu negócio prosperar durante uma recessão
- ➤ Criação de Valor Excedente para os Clientes
- ➤ Reconhecimento de oportunidades para aumentar o fluxo de caixa.

Autor Bio

D.K. Hawkins. D.K. gosta de ler livros pessoais de negócios, bem como de passar tempo ao ar livre. Mais livros virão nesta colecção, por isso, por favor siga na Amazon para mais livros.

Obrigado pela sua compra deste livro.

Sinceramente, aprecio-o e aprecio-o a si, meu excelente cliente.

Deus vos abençoe.

D.K. Hawkins.

www.ingramcontent.com/pod-product-compliance
Lightning Source LLC
Chambersburg PA
CBHW070241220526
45465CB00004B/1477